MIRACULUM

Vol. I

www.tredition.de

Bibliografische Information der Deutschen Nationalbibliothek:
Die Deutsche Nationalbibliothek verzeichnet diese Publikation in der
Deutschen Nationalbibliografie; detaillierte bibliografische Daten
sind im Internet über www.dnb.de abrufbar.

Adrian S. Kostré
Nikola Šop - Miraculum
Berlin, 2014

Herstellung und Verlag:
tredition GmbH, Hamburg

ISBN
Paperback: 978-3-7323-1673-1
Hardcover: 978-3-7323-1674-8
e-Book: 978-3-7323-1675-5

Printed in Germany

Za mog djeda
For my Grandfather

Berlin, 2014

Čudo, čudo.

Nagnuti mi gledamo
na izvrnutu noć.

Što prije bje nad nama, u beskrajnom
svodu, u visini,
sada duboko pod nama se vije,
giba, njiše.

Nad nama ničega više nema.

Zaboravismo već na oblake, bure, kiše.

Izvrnutih prostora ovdje je vrh.

Zar nismo samima sebi –
sami sebi dah.

Miracle, miracle.

We are leaning over and looking
At the night overturned.

What used to be above us, high up,
A soaring vault,
Is now flying,
moving, swaying

Deep below us.

Already we have forgotten clouds and winds and rains.

Here, at the summit of overturned space,

Are we not ourselves –
Our own breath?

English translation by B. S. Brusar and W. H. Auden

Nikola Šop

Sabrani prijevodi

(1926. – 1939.)

Nikola Šop

Collected Translations

(1926 – 1939)

Zašto ova knjiga?

Nikola Šop je možda jedan od najznačajnijih, ali zacijelo jedan od najzanimljivijih pjesnika našeg doba. No, ako se, dok čitate ove retke, pitate pa kako to da ja nikad za tog pjesnika nisam čula ili čuo, odgovor je na taj upit nažalost lak. Nikola Šop je hrvatski pjesnik, dakle pjesnik jednog malobrojnog naroda čiji jezik, pa tako i jezik kojim je Šop pisao, nikad nije bio svjetskim jezikom poput danas engleskog, francuskog, španjolskog ili njemačkog. Hrvati pak, od utemeljenja svoje državnosti u 7. stoljeću nakon Krista, nikada nisu poveli niti jedan osvajački rat, već su se, ako uopće, pročuli kao branitelji nekih tuđih država ili vlastite samostalnosti. Stoga ih svjetska povijest do dan-danas samo marginalno bilježi. Tako je i interes za hrvatsku kulturu, određen ovim parametrima, u najboljem slučaju slab. Taj usud svog naroda dijele i njegovi ponajbolji pjesnici, pa tako i Nikola Šop. Kako pak svijet ne bi bio uskraćen za onaj dio njegove kulturalne baštine do kojeg spletom spomenutih okolnosti ne može doći, poput nekog zakopanog blaga, koje nitko ne traži jer ne zna za njegovo postojanje, odlučio sam objaviti ovu knjigu.

Godinama sam skupljao prijevode pjesama i proze Nikole Šopa, objavljivane poglavito u raznim hrvatskim i bosanskohercegovačkim časopisima. Taj posao nije bio nimalo lak jer živim u Berlinu, a o njihovom me objavljivanju, unatoč činjenici da sam jedini nositelj Šopovih autorskih prava, nitko nije obavještavao. Tako skupljene prijevode te njihove hrvatske izvornike potom sam, uz nemali trud, uredno digitalizirao i pripremio za ovaj tisak. Uz ništa manje truda uspio sam i stupiti u vezu s većinom autora tih prijevoda i dobiti njihovo odobrenje za ovaj tisak.

Pred Vama je sada prva od tri knjige sabranih prijevoda pjesama i proze Nikole Šopa na engleski jezik. Riječ je o djelima nastalim u razdoblju od 1926. do 1939. godine, dakle do izbijanja Drugog svjetskog rata. U drugoj knjizi sakupljeni su prijevodi djela objavljenih u razdoblju od 1941. do 1943. godine, dakle u doba Šopovog ratnog ranjavanja koje će pjesnika do kraja njegovog života prikovati za postelju. U trećoj knjizi nalaze se prijevodi Šopove poezije objavljivani od 1957. do 1982., godine pjesnikove smrti. U poratnom razdoblju Nikola Šop je kao nepodoban pjesnik osuđen na dugogodišnju zabranu objavljivanja vlastitih djela.

Sakupljeni prijevodi su različite kakvoće, od onih ponajboljih do onih koji čak donekle odstupaju od sadržaja izvornika. No, uz njih je uvijek i izvorni tekst. Ne radi se dakle o odabranim uradcima već o svim sabranim prijevodima na engleski jezik, koji daju prvi uvid u pjesništvo Nikole Šopa. Smisao ovakvog izdanja je dakle ne samo pobuditi zanimanje za nesvakidašnje književno djelo pjesnika Nikole Šopa, već i ponukati druge prevoditelje da svojim prijevodima približe ovog pjesnika svjetskoj javnosti i promaknu ga na ono mjesto u povijesti svjetske književnosti koje mu po njegovoj neznanoj jedinstvenosti već odavno pripada.

Adrian S. Kostré

Why this book?

Nikola Šop may have been one of the most important poets of our time. He certainly is one of the most interesting. If you're wondering why you've never heard of him, the answer is unfortunately simple: Šop was a Croatian poet. His language, Croatian, has never been a global language like English, French, Spanish or German. Since establishing their own state in the 7th century, the small population of Croats has never sought to conquer foreign lands, while taking up arms only to defend other states or for their own independence. Consequently, this has kept them at the margins of world history. Defined by these parameters, there is little interest in Croatian culture. Sadly, the nation's destiny to be overlooked is shared by its best poets, including Nikola Šop. I would like to prevent the loss of this cultural heritage, a hidden treasure no one is searching for because no one knows it exists. Therefore I decided to publish this book.

For many years I have been collecting translations of poetry and prose written by Nikola Šop, published mainly in various Croatian and Bosnian-Herzegovinian literary magazines. Living in Berlin, this has not been an easy task, and even though I am the sole holder of Šop's publishing rights, no one ever informs me of these publications. With much effort, I have digitized these collected translations as well as their Croatian originals and prepared them for publication. With no less effort I successfully contacted most of the translators and gained their permission for this publication.

Before you is the first of three collected English translations of poems and prose by Nikola Šop. This collection contains works written between 1926 and 1939. In the second book, you will find collected translations of works published between 1941 and 1943. During the German bombing of Belgrade on 6 April 1941, Šop was severely injured, which left him bedridden for the rest of his life. The third book contains translations of Šop's poetry published between 1957 and his death in 1982. By the end of World War II, Nikola Šop was declared an "inappropriate poet" and the Communist regime forbade him to publish his own writings.

The collected translations vary in their quality—from the very best to some that even deviate from the original content. However, the original texts are always included. It is noteworthy that this is not a selection; it is a collection of all available translations into English which provide an initial insight into Šop's poetry. This publication intends not only to awaken interest in Šop's unusual literary work, but also to encourage other translators to introduce this poet to the world via their own translations and promote him to the position in the history of world literature to which he has long been entitled, thanks to his unknown singularity.

Adrian S. Kostré

Pjesme siromašnog sina (1926.)

Poems of an Impoverished Son (1926)

Šum pšenice

Iz luga vjetar dune u doba gluho
i zelenu plahtu niz obronke zatalasa.
Lelujanje se začuje tako suho.
To šumi dolinama klas do klasa.

Vrijedni domaćin kroz otvoren prozor sluša
šumor klasja i smije se u duši.
I sve mu se čini kao da već čuje
kako se zrelo zrnje u hambare ruši.

Miris pšenice duša mi snažno diše.
I šum slušam, stojeći za ogradom od trnja.
O hvala ti, Bože, što se u klasju ovom njiše
i moja skromna šačica zrnja.

Murmur of wheat

The wind starts from the forest late
and begins to wave the green sheet down the slopes.
Spike by the spike
are rustling in the valleys.

Hardworking host listens through the open window
the murmur of the spikes and smiles.
It seems to him that he already hears
the grains falling into the barn.

My soul breathes the smell of wheat
and I listen to the murmur standing by the fence of thorns.
Oh, thank you, God, because in these spikes
my handful of grains waves too.

English translation by Marina Jelaš

Panegirik pijetlima

(Objavljeno u Vijencu, 1925.)

I

Javljaju se

Da li znam,
koliko je sada sati,
kada u dalekoj samoći šume mole.
I kada ja, slučajno okrenut praznoj postelji,
pomislim nasmijano:
Zbilja je katkad vrlo teško
ići u postelju sam, potpuno sam.

Tišina.
Odjednom krik osamljen, dalek, pust i pun svježine.
Ne znam pred čijom kućom, ne znam ko.
Razbi moje misli i beskrajnu, crnu ploču tišine.
Ko da je biserna kupa pala.
A za njim kao po dogovoru, sa bezbroj nevidljivih mjesta,
što usidrena na noćnoj pučini čekaju dan,
odzivi odjeknuše snažno, u, jedan glas.
I zvuče rosno ko frule mladih vrba.
Što je to? Možda nekog goni zloduha užas.
Pa sve jače, sve bliže niču,
jedan iz drugog, čudni, osamljeni zvuci.
I što bliže dolaze, sve ih manje biva.
Kao da se, preplašeni svijetlom iz moje sobe,
u tihoj vodi rose gase.

A Panegyric to Roosters

(Published in Vijenac, 1925)

I

They call out...

Do I know
What the time is now
When in the far off solitude of the forest they pray.
And when I, by chance turning to my empty bed
Think with a smile:
Sometimes it is really very hard
To go to bed alone, completely alone.

Silence.
All at once a cry, lonely, far away, bleak and full of freshness –
I don't know in front of whose house, I don't know who.
It breaks into my thoughts and the endless, black, flat silence
As though a pearly cup had fallen.
And then as though by agreement, from innumerable invisible places,
Anchored on the open sea of the night waiting for the day,
The response rings out, strong in unison.
Sounding dewy like a flute from a young willow.
What is it? Maybe an evil ghost of horror is haunting someone
And stronger and stronger coming nearer
One after another, strange, lonely sounds.
And as they come near, they diminish
As though, terrified by the light from my room
They are extinguished in the still water of the dew.

I još samo jedan iznenada, baš pod mojim prozorom,
kriknu iz sveg grla, da sam sav zadrhtao.
Kriknu pobjednički zvonkim glasom,
iza kojeg je samo pramičak tople pare ostao.
Ko odjek tišine.

Znam, znam. To su pijetli samotni.
Pozno sam ih po onom glasu ispod prozora moga.
Čas je, kada se dozivlju na svome vječnom putu.
Dozivlju se da se ne izgube
ti prezreni i zaboravljeni čuvari predgrađa.

Ima ih mnogo. Sve nevidljivi, bezbrojni redovi,
po cijeloj zemlji poredani tajno,
uz porušene ograde.
Sa vječitim pitanjem: Zašto svake noći o ponoći,
kad mjesec neznano stigne do zenita,
na svijetu više ni jedne sjene nema.

Na zemlji je tada najdublji mir.
Jer u to doba svaki pijetao
za svojom izgubljenom sjenom luta.

Mi za to ne znamo.
Ali kroz otvoreni osjećamo.

Onda se vraćaju bez utjehe, sa puta.
I gledaju kako mjesec silazi.
Gledaju dugo i šute.

And just once more suddenly, right under my window,
They cry at the top of their voice, and I shook you
They cry out with a victorious bellow
After which only a flicker of warm vapour remains
Like an echo of silence.

I know, I know. They are lonely roosters –
I recognized their voices under my window.
It is the time when they call out on their eternal path,
They call out to one another, so they don't get lost,
Those despised and forgotten guardians of the suburbs.

There are many of them. Invisible, numberless ranks,
All over the country, lined up in secret,
By broken down fences.
With the eternal question: Why every night at midnight,
When the moon reaches its zenith, unseen,
Are there no more shadows on the earth?

Then deepest peace comes to earth
For at that time each rooster
Is wandering, looking for his lost shadow.

We know nothing of this,
But through the open window, we feel.

They then return with no comfort from their journey
They watch as the moon sinks
And gaze so long in silence.

Zatim iznenada zaore zemljom veseli povici.
To je jedan svoju sjenu opet našao.
A drugi mu isto javljaju iz daleka.

Jedan je sat po ponoći.
Mjesec je zaglibio na vrhu gore, i što dublje tone,
sve manje se čuju pijetli.
I nama nepoznatom tugom
gledaju kako im sjene izmiču daleko iza brda.
Zajedno sa onom sjajnom prugom
posljednje mjesečine.

I onda opet mrak i tišina. I dugo čekanje.

Then all at once joyful cries ring out over the earth.
One has found his shadow again.
And another calls out to him in communion from afar.

It is one hour after midnight.
The moon is sinking from its peak up there, and as it sinks lower,
The roosters are heard less and less.
They watch with a grief we cannot fathom
As their shadows move off, far down the hill,
Together with the shining trace
Of the last light of the moon

And then again darkness and silence. And a long wait.

II

Panegirik

O pijetli mramorni, ukočeni za mjesecom bjeguncem,
što uteče i odnese vaše sjene,
recite mi, da li je ikada koji luđak zemaljski
u kasno doba izišo u polje,
da zapjeva u slavu vama.
Sigurno nijedan, osim mene.

Pa slušajte, da vam ne bude dugo čekanje,
dok ne zasija rosna krošnja na rubu daleke šume.

Vi plemeniti dusi, kraljevi poraženi,
sa prijestoljem od uličnog smetlja i razbijenog stakla,
vječni čuvari zalutalih kuća i noći,
pijanci, do ludila pijani od rose,
pozdravljam vas u ovoj beskrajnoj samoći.

O pijetli svi, sa cijele zemlje puste.
I vi, koji ste mi daleki u blizini,
i vi blizi u daljini.
Kako je služba vaša čarobna i tajna.

Stojite zabačeni u večernjoj sjeni plotova.
I slabom oku izgledate kao panj mladog stabla.
Promatrate u zagrljaju ljubavnike, izgorjele od strasti
i pune uvjerenja da ih niko ne vidi.

II

Panegyric

Oh marble roosters, stiff, gazing at the fugitive moon
As it leaves, taking your shadows,
Tell me has ever an earthly fool
At a late hour gone out to the field
To sing your praises?
I am sure, not one, but me.

So listen, so your vigil won't seem long,
Until the dewy treetops shine on the edge of the far off forest

You noble souls, defeated kings,
With a throne of street refuse and broken glass,
Eternal guardians of wandering houses and the night,
Drunkards, drunk to insanity with the dew,
I greet you in this endless solitude.

O roosters all, from the ends of the bleak earth,
And you far off are close to me,
And you close to me, far off.
How magical and mysterious is your ministry.

You stand remote in the evening shadow of the fences
And to the weaker sighted you look like stumps of young trees
You watch lovers embrace, burning with passion
And full of assurance that no one can see.

Vi mudraci, koje još nije priznalo čovječanstvo.
Puni strpljenja, koje ovi ljudi
nestrpljivo traže i ne mogu da nađu.
Recite mi, zašto i vi niste ljudi.

Kako bih vas rado
sve ukrcao u neku novu, neviđenu lađu.
I otplovio s vama niz mora, mora, mora,
u zemlju, koju ste samo vi zaslužili.

Krilati čarobnjaci, vladari sviju slutnja.
Kakva je moć u vašem glasu dalekom.
Kad mrtvi dragan dođe, pun osvete,
na leden-vrancu svom,
pod prozor nevjernice i nanišani i –
vaš glas otpirne i konja i konjanika.

Ja ne znam.
Al' plašim se da vas upitam,
zašto nosite krvavu krunu na glavi.
Uvijek dršće i svježom rosom blista.

Možda je to od onog jutra,
kad ste triput zakriknuli od veselja,
što se Petar, pred ženama drhteći,
triput odrekao Krista.

You wise ones, not yet recognized by man
Full of patience, which these people
Are seeking impatiently and are unable to find.
Tell me why are you also men?

How I would love
To load you into some new, unseen ark,
And sail off with you over the seas, the seas, the seas,
To a land only you have deserved.

Winged magicians, rulers of all intuition
What is the power in your far away voice?
When the dead lover comes, full of vengeance
On his icy black horse
Under the window of his faithless love, takes aim and —
Your voice blows the horse and the rider away.

I do not know.
But I am afraid to ask you,
Why do you wear that bloody crown on your head?
It always trembles and shines with the fresh dew.

Perhaps it is from that morning,
When you crowed three times with joy,
For Peter, trembling before the women,
Denied Christ three times.

Ništa ne govorite, redovi beskrajni.
Samoća vas ubija i čekate svoje sjene.
Pred svaku zoru, iza crvenih zavjesa,
proklinju vas bludnice ispijene.
Jer poslije glasa vašeg, sve jasnije vide
u ogledalu svoje uvenulo tijelo.
I pokriju se, kao da se stide.

A vi i ne marite za one teške tuge,
što ih izazivate u dušama nevoljnika.
I na smrt osuđenom nema više spasa.
Ubijen vašim krikom britkim,
on ide na vješala bez svijesti i bez glasa.
Da mrtav još jednom umre.

Putnik u nepoznatom kraju sa izgubljenim putovima,
na koljena pada, iznenađen vašim povikom.
Osluškuje i osjeća blizinu sela.

O pijetli začarani, koliko je puta vaš zvuk iz daljine
zaprepastio nas u bdenju dugom, noćnom.
I nas dvoje,
tek smo se onda opazili i stidljivo pogledali,
otkriveni prvom zrakom sunčanom.

You say nothing, endless ranks.
Solitude kills you and you wait for your shadow.
Before each dawn, behind the red curtains,
The worn-out adulterers curse you,
For after your voice, they see more clearly
Their withered bodies in the mirror
And they cover themselves as though ashamed.

But you don't care about that heavy anguish
Which you arouse in the souls of the unloved.
Even the condemned man can no longer be saved.
Killed by your sharp cry,
He goes to the gallows unaware and with no voice
That he a dead man, is dying again.

The traveller in an unknown land, on the lost paths,
Falls to his knees, surprised by your call,
He listens and feels the village is close.

Oh enchanted rooster, how many times has your sound from afar
Astounded us in the watches of the long night
And we two
Only then notice each other and shyly look
Revealed by the first rays of the sun.

Al' ne.
Ja ne ću više da vas bunim.
Kao da čuh
vaše buđenje pritajeno.
Ja uzmičem, bježim.
Ko sjena.
Ko duh.

But no,
I will confuse you no longer
As though I heard you
wake in secret
I move off, run away,
Like a shadow,
Like a ghost.

English translation by Janet Tuškan

Veče u polju

I.

Pognuta vrba, ko stara majka,
mršavom rukom na molitvu dade znak.
I svud umuknu šum trave i brbljava šaš.

Tada se najstariji popac iz grma javi
i pred svima moli Očenaš.
A šume i trave pobožno odgovaraju.
I braća njegova što kleče u travi.

A ja prognanik iz grada osamljeni
slušam te ponizne zvuke,
pa glave prignute i pun svete večeri,
ne znam da sam i ja sklopio ruke.

Evening in the Field

I

A bent over willow, like an old mother,
With thin hands praying gives a sign
And the sounds of the grass and the chatting reeds are stilled

Then the oldest cricket pipes up from a bush
And leads them all in the Our Father.
And the woods and the grass piously respond
With his brothers kneeling in the grass

And I, a refugee from the city, alone,
Listen to the humble sound
With my head bowed and filled with the sacred evening,
I don't know, maybe I even folded my hands.

II.

Kad se svrši tiha molitva, sve se opet
na svoj večernji posao vrati.
Zašumi rosno krošnja nada mnom.
I šume, što su molile, umuknu dugim snom.

Grmlje po obroncima opet prikuplja mrak.
A mjesečeva užarena plitica zasija.
Stričak strička nastavi da priču priča.
A stara vrba opet nad vodom vlažnu maglu čija.

II

When the quiet prayer is done, they all go back
To their evening tasks
The dewy treetops rustle overhead
And the forests, having prayed, are silent in deep slumber.

The bushes on the hillsides are gathered in by the dark
The moon's bright saucer shimmers
Thistle to thistle go on with their tales
And the old willow over the water conjures moist magic.

English translation by Janet Tuškan

Smrt moje bake

Već se krila u dvorištu bude.
I na vrh lipe sja vlažno list.
Negdje škrinuše mala vrata.
I uzduh je tako modar i čist.

Već je iz štale Biserka sama
izišla i čeka, zabrinuta,
na korake dobre muzilje svoje.
I bujnost rosnu poljskog puta.

I kvočka je izišla s pilićima,
ali u dvorištu nema zrnja.
I pas, kao zaboravljen gost,
pod prozorom kuhinje čeka na kost.

I kočijaš je već usto stari.
Tražeći uzde, on još drijema.
Čuje se, kako konje timari
i gunđa, što još doručka nema.

Najzad je pijevac pod prozor prišo
i kukurikno iz snažnih grudi.
Triput krikno, triput zavikno.
Ali se baka moja ne budi.

Death of My Granny

Wings are already waking in the yard
The lime-tree tops are already wet, and shine.
A little gate has creaked, I know not where.
How blue the air is now, how pure and fine!

And now Biserka from her stall has come,
Alone, uneasy, chafing till she view
The milkmaid, her good comrade, and can tread
The fieldway, rich in grass and dashed in dew.

The mother-hen is out, with all her brood.
But, in the yard, is not a single grain!
The dog, like some forgotten guest, beneath
The kitchen window, awaits his bone - in vain.

The ancient coachman, half asleep, is up
And for the reins is hunting everywhere.
I hear him, as he rubs the horses down
And grumbles for his breakfast - still not there!

And last, beneath the window comes the cock,
And doodle-doos, and his strong gullet shakes,
And thrice he now has crowed, and thrice his cry
Resounds - but my old granny never wakes.

English translation by Oliver Elton

Nocturno (1928.)

Nocturne (1928)

VIII.

Што ми, бако, руке сада сјају.
И што ли су тако бијеле.

- На њих ти је, дијете моје, пао
одсјев с окна сеоске капеле. –

Што ме тако све по челу хлади.
Као да је рука Исусова.

- То је на те, синко, сјена пала
наших росних гора и пластова. –

Ал‘ чуј! Све се ближе нека пјесма чује.
И глас један у њој, бол је срца мог.

- Синко, синко, то се већ дјевојке
враћају с бунара далеког. –

VIII

Why, grandma, do my hands glimmer so?
And why are they so pale?

– My child, it's the shadow on them
From the window of the village chapel

What is it that cools my brow
Like the hand of Jesus Himself?

– My son, it's the shadow falling on you
From the dewy hills and haystacks

But listen! I can hear singing, coming close
And one voice in the choir is the pain of my heart

– My son, my son, those are the girls
Coming back from the well far away.

English translation by Janet Tuškan

Isus i moja sjena (1934.)

Jesus and My Shadow (1934)

Krov

Od tame i od čađi, sa pognutom strehom,
ljuljajuć se i cvileći škripi.
Nada mnom je spušten i nad mojim grijehom.
Svu noć nešto tamno s njega sipi, sipi.

Pod njim se svršava moj svagdanji put.
Pod sobom on jedan mali život skriva.
O i svakog dana sve sam više pognut.
Kao da mi krov sve niži, niži biva.

Al svaki put, u neko doba gluho
probudi me kroza nj plavi dah svježine.
To krov tamni nada mnom zaškripi suho.
I pospe me zvijezdama kroz raspukline.

The Roof

From darkness and soot, the stooping roof
Rocking and creaking and screeching
Bending over me and above my sin
All night long, something dark from it dripping, dripping.

Beneath it ends my daily path
Beneath it, one little life concealed
Oh, and every day I bend a little more
As though the roof were lower and lower

But every time, in the dead of night
A breath of air wakes me blowing through
This roof of darkness over me, creaking dryly,
And sprinkles me with stars through its cracks.

English translation by Janet Tuškan

Vrata

Za njima je tuga samotnika.
A ispred njih noći i svitanja.
S jedne strane sjena pognutog mi lika.
S druge mrak i umirenje granja.

U ponoć odaju se zarđalim zvukom
davnog ulaženja pod obrasli svod.
Hlad ruku neznanih tad osjetim pod rukom.
I sve tiši, tiši iza njih je moj hod.

Teška su, teška vrata moga malog stana.
Iza njih ne čujem ni kad pada voće.
Ko da su od mûka sakovana.
I prelivena voskom od samoće.

Kad prislonim na njih lice ugrijano,
čujem, po njima šum bršljanov puzi.
Kroz ključanicu svijetlo po čelu mi brizne.
Iza njih, ko svetac, sjam u svojoj tuzi.

The Door

Behind it is the sorrow of the loner
In front the night and dawn
On one side the shadow of my stooping form
On the other, darkness and branches dying

At midnight the rusty creak tells of those who came in
Long ago, under the overgrown roof
I feel then the cold hand of strangers under my arm
And my steps grow quieter, quieter behind the door

The door is heavy; heavy is the door to my home
Behind it even the fall of fruit is not heard
As though it were made from pain
And molded from the wax of solitude.

When I lean my warm face on it
I can hear the ivy creeping across it, rustling
Through the keyhole light flashes on my forehead
Behind it, like a saint, I glow in my sorrow.

English translation by Janet Tuškan

Postelja

Pod oknom se bijeli razapeta.
Gdje bez šuma struji zorin sjajni sliv.
Obori me na nju težina ovog svijeta.
I utonem duboko, kao div.

Probudi me sa nje prvi krik pijetlova.
Od osame tajne smuti mi se vid.
Nada mnom ko da lebdi kćerka susjedova.
I pokrijem se, polije me stid.

Postelja se smiri u to doba.
Zaplačem nad njenom razvalinom.
O Bože, udari me gubom kao Joba.
Bugarit ću u grijehu, proseći tišinom.

I tada oštra slama šušne poda mnom.
Ko u svijetlu noć rođenja Isusova.
Žar za čistotom dođe mi sa snom.
I nebo se spusti do mog krova.

The Bed

Under the window it shines white, spread out
Where with no sound the dawn's bright flow streams,
The weight of this world knocks me down on it
And I sink deep, like a giant.

The cry of a rooster wakes me from it
A secret mystery clouds my sight
As though my neighbor's daughter is hovering above me
I cover myself, covered in shame.

The bed is still at that time
I weep over its ruins
O Lord, strike me with leprosy like Job
I will moan in sin, begging in silence.

And then the sharp straw rustles beneath me
As on the night of Jesus' birth
The zeal for purity comes to me in sleep
And heaven descends on my roof.

English translation by Janet Tuškan

Mladić bdije kraj mrtva pijetla

On leži kraj moje stare peći,
paučinom posut sav.
O kako se prelijeva još pri svijeći
rep njegov od mnogih zora plav.

Kroz pritvoren prozor dah jedan tajno
dune kroz moj opustjeli dom.
Pa s pijetla mog stresa perje sjajno.
Jesen je i u repu njegovom.

Kruna mu pala na jedno uho.
Ko kralj je bijede i bola pun.
I u ranu zoru i u doba gluho,
ukočen i pust njegov je kljun.

Krila mu mrtva i nikad više
ne će ih on razapeti.
Ni stresti ih mokar od rose i kiše.
Ni zoru mi na njima donijeti.

Svake noći, ko prognanik,
kad moram za sto svoj sjesti.
U njegovu grlu naslutim krik
neobjavljene mi jedne vijesti.

A boy keeps vigil beside a dead cock

Beside my old stove he lies quiet,
with cobwebs dusted all.
His tail leathers in candlelight
the mingled blues of many dawns.

A draft comes through the window crack,
and whistles through the empty room,
shakes glistening feathers from my cock,
whose tail is all Autumn.

His crest has toppled to one side.
Kinglike he's full of pain and misery.
Now early dawn, or in dead night,
his beak will stiff and empty be.

His wings are dead,
he'll flag no more,
to shake them free of rain or dew.
No more will ride on them the dawn.

When like an exile,
I must sit each night beside my table.
I feel inside his throat a cry
of news no longer brought to me.

U strepnji čekam na pritajen zov.
Jeze soba mi je puna.
Al kao zaostale kapi niz krov,
kaplje muk s njegovog kljuna.

Taut I wait for the welcome call.
Gathering horror fills the room.
But like last drop from the roof falls
A drop of pain from off his beak.

English translation by Sonia Bićanić

Molitva za njezino tijelo

U ovaj čas duša mi je bijela,
ko vez ove zavjese, koju suton njiše.
O Bože, molim ti se za ljepotu njenog tijela.
Za miris vječni, kojim u rosi tvoje cvijeće diše.

Na prstima mojim drhti balzama puna žara.
Balzama, što ga sakupi roj uskršnjih pčela.
Moj Bože, skrušeno te molim, tebe najvećeg kipara,
da tijelo njeno zasija svježinom gorskih vrela.

Ruka ti svemoguća izvajala je čari,
koje šum lana krije, satkan u odijelo.
Svojom si riječi zauvijek umrtvio sve stvari,
da nijeme i slijepe služe njeno tijelo.

O Bože, ne savijaj tegobom ramena ona.
Ti dao si im sjaj i bjelinu bjelokosti skupe.
Neka se pognu samo, kad tebe slave zvona
i prosjak moli ponizno iz hlada stare klupe.

A prayer for her body

My soul is all white today,
like the fabric of this curtain, in the twilight swayed.
For the beauty of her body, o God, I pray,
For the eternal fragrance of your bedewed flowers displayed.

Between my fingers, trembles an urn, with a balsam filled,
the balsam that a swarm of Easter bees usually brings.
My God, I humbly pray to You, the sculptor inconceivably skilled,
that her body may glisten with the freshness of the mountain springs.

Your almighty Hand has all the beauties on her conferred,
concealed by her woven flax garb's rustling sound.
All the other things you have silenced with Your Word.
Let them, sightless and silent, her body lovingly surround.

O God, do not bend those shoulders with affliction.
Their precious ivory shine and whiteness You have made.
Let them bend down only when the bells sound the Benediction,
and a beggar humbly prays from an old bench, in the shade.

English translation by Ivo Šoljan

Prosjaku, koji nosi moj šešir

Uzmi i neka ti ga uboštvo tvoje ima.
Sjedoću krijuć tvoju nek i on zaplovi
u nedjelju barem, među drugim šeširima,
koji su skoro novi ili sasvim novi.

Držeć ga u ruci pred vratim crkvenim
kapat će u nj sjaj novca možda više no inače.
I zabačen u mraku, pod svijećama već snenim,
osjetit ćeš, da ti se baš jako, jako plače.

U izbi svojoj pomislit ćeš, da k tebi neko tapa.
Ili ko da neko u hodu od pamuka
udara sve bliže vrhom štapa.
I nehotice zgrčit će se mršava ti ruka.

Tada ćeš spaziti na bravi, koja baš ništa ne vrijedi,
šešir obješen i tako savijen i taman od kiše.
Ah, to se sa njega sjajna vlaga cijedi.
Ko odjek stopa tajnih, te kapi su sve tiše.

Bdjet ćeš dugo, ko i ja, al reći ti ne mogu.
O čuj, kako te kapi ko i one, zvuče
kad je taj šešir ležao kraj njezinih nogu.
Kasno je bilo i doba, kad bi pošla da se svuče.

To the beggar who wears my hat

Take it, let your poverty have it
Sitting, hiding you, let it sail out
On Sunday at least, amongst other hats
That are almost or completely new.

Holding it in your hand before the church door
The shine of coins will drip into it more than otherwise
And thrown off into the dark, under the candles now drowsy
You will so, so want to weep.

In that hut of yours you will think that someone is coming to you
Someone with steps of cotton
Drawing closer, tapping the tip of his stick
Your thin hand will cramp unconsciously.

Then you will see at the useless lock,
A hat hung up so bent and dark from rain
Ah, how the damp shines and drips from it
Like the echo of secret footsteps, those drops diminishing

You lie awake long, as I do, I cannot tell you,
O listen to those drops, O how they sounded
When that hat lay beside her feet
It was late – the time when she would get undressed

Bio je muk, kao da ni jedno od nas ne živi.
Mjesto riječi čule su se kapi sa oboda.
I najzad štap sam uhvatio za vrat njegov krivi.
Potišten odlazeći, jedva sam odvukao svoju sjenu s poda.

We made no sound, as though not alive
Instead of words we heard the dripping from the rim
At last I grabbed the stick at its crooked neck
Leaving, dejected, I hardly dragged my shadow from the floor.

English translation by Janet Tuškan

Ponoćna večera

Uz kasni žar sad večeru tamnu grijem.
Okno je sjajno i tanjir se tako bijeli.
Sjećam se one noći i tužno se smijem.
One noći, kad smo iz jedne zdjele jeli.

Na zidu sjene naše visoke su bile.
A stakla na oknima sve tamnije plava.
I ja sam tad primijetio, da se od njene svile
sjaj odbija i skromno jelo obasjava.

Kašike su obje ostale bez zvuka.
Da ne zbune toplog šaputanja let.
Hljeb, na kojem je ležala njena ruka,
bio je tako proziran i svet.

Večera kraj mog lica već se puši.
Mrak ovija stvari u tajanstvena slova.
A mački nad žarom sve su duže uši.
I učini mi se, da to čuči kobna sova.

Midnight supper

In the late glow now I warm my dark supper
The window is bright, the plate shines white
I remember that night and smile sadly
That night, when we ate from one plate together.

On the wall our tall shadows reached up
The glass in the windows grew darker blue
I noticed then that from her silk
The light reflected and shone on our humble meal.

Our spoons made no sound
To confuse the warm whisper's flight
The bread on which her hand lay
Was translucent and holy

The supper is steaming by my face
The dark wraps my things in mysterious letters
And the ears on the cat over the glow grow longer.
It seems to me like an ominous owl crouching.

English translation by Janet Tuškan

Mrtvi mlinovi

I

Što ukoči ljuljanje mog mlina?
Ko srebrna lepeza smrznut je mlaz.
Iz sna dubokog probudi me tišina.
Ni kap da kane u jaz.

Šta li to pred mojim oknom gori?
Otvorih prozor. Borovi čuvaju noć.
Sve je pusto i bijelo i samoća me mori.
O dugo, dugo mi više ne će niko doć.

Dead Mills

I

What hinders the rocking of my mill?
The spray is frozen like a silver fan
The silence awakens me from a deep sleep
Not a drop will fall into the gulf.

What is that burning before my window?
I open the window. The pines guard the night
All is bleak and white, and solitude wearies me
So long, so long, no one will come to me.

II

Pred zoru ko da sam čuo pjesmu anđela.
Iziđoh u prah srebrne polutame.
Pred vratima kup slame i prosuta zob.
A dalje, dok vidim, u snijegu stope same.

Ko je to noćas, a da se nije svratio,
prošao neznano kraj mog mrtvog mlina.
Ko je to bio, da su još i sada
tako pognute breze i svečana tišina.

II

Before dawn, I thought I heard angel song
I went out into the dusky silver dust
Before my door a heap of straw and scattered oats
And further on, as far as I see, footsteps in the snow

Who this night, without coming in
Passed unseen by my dead mill?
Who was it, that still now
The birches are bent and the silence so awed?

English translation by Janet Tuškan

Mrtvi mlinovi

I

Što ukoči ljuljanje mog mlina?
Ko srebrna lepeza smrznut je mlaz.
Iz sna dubokog probudi me tišina.
Ni kap da kane u jaz.

Šta li to pred mojim oknom gori?
Otvorih prozor. Borovi čuvaju noć.
Sve je pusto i bijelo i samoća me mori.
O dugo, dugo mi više ne će niko doć.

The dead watermills

I

What has halted the rocking of my watermill?
Like a silver fan the frozen stream has come to a stop.
From a deep sleep I awake. Everything is still.
The wheel is left without a single drop.

What is that blaze seen through my window panes?
I open a window. The pines guard the night.
Everything is lonely and white. An oppressive solitude reigns.
O, for a long, long time, not a soul will be in sight.

II

Pred zoru ko da sam čuo pjesmu anđela.
Iziđoh u prah srebrne polutame.
Pred vratima kup slame i prosuta zob.
A dalje, dok vidim, u snijegu stope same.

Ko je to noćas, a da se nije svratio,
prošao neznano kraj mog mrtvog mlina.
Ko je to bio, da su još i sada
tako pognute breze i svečana tišina.

II

Just before the dawn, I thought I heard the angels sing.
I stepped out into the dust of the silver twilight.
In front of my door, a bale of hay and scattered oats.
And in the snow, as far as I can see, footprints left in the night.

Who was it, this very night that without stopping by,
passed secretly by my dead watermill?
Who was it, indeed, that even now the birch trees
remain bent, and all is solemnly silent and still?

English translation by Ivo Šoljan

Poziv dragom Isusu

O Isuse, kako bih volio, kada bi se
udostojo da uđeš u moj stan.
Gdje sasvim obične o zidu stvari vise.
Gdje se u oknima rano ugasi dan.

Pričao bih ti, kako svjetiljku mutnu palim,
da kratki ovaj dan produžim.
Kako živim životom sasvim malim.
I pun jeda, sa braćom svojom služim.

Pričao bih ti o ljudskoj kući.
O oknima, koja su pokatkad plava.
O vratima, kroz koja pognut moraš ući.
O bravi, koja se čvrsto zaključava.

Pričao bih ti uz dim obične cigare,
o svakom čovjeku i kako se koji zove.
I kako jedni uvijek nose haljine stare
I kako drugi uvijek nose haljine nove.

I kako ima sedam brižnih dana.
O Isuse, i svaki je ko što je bilo juče.
I o tom, kako se, kad zaboli rana,
šešir na čelo duboko, duboko natuče.

Pričao bih ti dugo, sve dok ne začujemo,
kako se rosa niz prozor sliva.
Onda bih ti rekao sasvim nijemo:
Isuse, umoran si, tebi se sniva.

An invitation to dear Jesus

Oh Jesus, how I would love if you would deign
To come to my home
Where perfectly ordinary things hang on the walls
Where the daylight is extinguished early from the windows.

I would tell you how I light the dim lamp
To lengthen this brief day
How I live such a little life
Full of bitterness with the brothers I serve

I would tell you of the human house
The windows, which are sometimes blue
The door you have to stoop to enter
The lock, which locks up tight.

I would tell you, by the smoke of an ordinary cigar
About everyone, and their names
And how some always wear old clothes
And how some always wear new clothes

And how there are seven days of care
O Jesus, and each one like the day before
And about how when the pain is bad
I pull my hat deep, deep on my forehead

I would talk so long, until we hear
The dew running down the window
Then I would say to you, mutely, with no words
Jesus, you are tired, you want to sleep.

O lezi, zaspi na postelji ovoj,
koju čovjek svaki dan otkupi.
Tužno ti čelo ovit ću u utjehe povoj.
Spavaj samo, a ja ću na klupi.

O lie down, sleep on this bed
Which redeems this man daily
I will bind your sad forehead with a band of comfort
Just sleep, my bed will be the bench.

English translation by Janet Tuškan

Poziv dragom Isusu

O Isuse, kako bih volio, kada bi se
udostojo da uđeš u moj stan.
Gdje sasvim obične o zidu stvari vise.
Gdje se u oknima rano ugasi dan.

Pričao bih ti, kako svjetiljku mutnu palim,
da kratki ovaj dan produžim.
Kako živim životom sasvim malim.
I pun jeda, sa braćom svojom služim.

Pričao bih ti o ljudskoj kući.
O oknima, koja su pokatkad plava.
O vratima, kroz koja pognut moraš ući.
O bravi, koja se čvrsto zaključava.

Pričao bih ti uz dim obične cigare,
o svakom čovjeku i kako se koji zove.
I kako jedni uvijek nose haljine stare
I kako drugi uvijek nose haljine nove.

I kako ima sedam brižnih dana.
O Isuse, i svaki je ko što je bilo juče.
I o tom, kako se, kad zaboli rana,
šešir na čelo duboko, duboko natuče.

Pričao bih ti dugo, sve dok ne začujemo,
kako se rosa niz prozor sliva.
Onda bih ti rekao sasvim nijemo:
Isuse, umoran si, tebi se sniva.

An invitation to dear Jesus

I'd be so happy if, oh Jesus,
you would enter my dwelling deign.
Where things quite common hang on the walls.
Where day drops off early on the window pane.

I would tell you of lighting
A dim lamp to lengthen the short day.
Of my very small life, serving
rancorously with my brothers away.

I would tell you of the house of men.
Of panes which are sometimes blue.
Of doors you have to stoop to enter.
Of locks shutting tightly and true.

I would tell you, while smoking
a common cigarette, of all men and of their names.
Some old clothes always wearing,
Others wearing new ones all the same.

And how there are seven days full of worry
Oh Jesus, and each one as the one before.
And when your wound starts being sore
you pull your hat down more and more.

I would tell you things for a long time, till we hear
dew dropping down the window pane.
Then quite dumbly I would say to you:
You are tired, Jesus, you should dream again.

O lezi, zaspi na postelji ovoj,
koju čovjek svaki dan otkupi.
Tužno ti čelo ovit ću u utjehe povoj.
Spavaj samo, a ja ću na klupi.

Oh lie down and sleep on this bed
which man redeems every day.
I will bind with solace your sad forehead
Sleep, and on the bench I'll stay.

English translation by Zvonimir Radeljković

Kuda bih vodio Isusa

Isuse blagi, u doba kasnih sati,
kad još bdiju siromasi tvoji,
skromnom krojaču odvest ću te, da ti
jedno obično odijelo skroji.

I obućaru malom, koji svu noć kuje
oštre čavle u teški poplat.
Dok tvornice cipela žučno bruje.
Milion pari skuju za jedan sat.

Zatim čovjeku, koji šešire pravi,
sa spuštenim obodom, da skriju bol.
Jedan će da se nakrivi i na tvojoj glavi.
Prostran da u se primi i tvoj oreol.

Onda ćemo poći u krčmu kraj grada,
koja liči na stari, nasukani brod.
Gdje braća za stolom, od silnog jada
bacaju čaše i šešire na pod.

Prvi krik pijetla bit će britka strijela,
od koje će ti srce da krvari.
Drugi krik pijetla bit će mrak u dnu čela.
Prepoznat ne ćeš ni ljude ni stvari.

Where I would take Jesus

Gentle Jesus, at a late hour, when
your poor ones are still wide awake,
I'll take you to a humble tailor
To make a plain suit for you.

Then to a lowly cobbler, too, who all
night hammers sharp nails into a hard sole,
While shoe Factories hum crankily.
A million pairs they put together in an hour.

Then on to the man who makes hats,
with rims sunk low, to conceal the pain.
One will snuggle onto your head.
Roomy enough to receive your aureole.

We'll then go to the inn near town,
Resembling an old, beached ship.
Where brothers at table, in deep sorrow
Throw glasses and hats on the floor.

The first crow of the rooster will be a sharp arrow
from which your heart will bleed.
The second will be the gloom of your brow.
You will recognize neither people nor things.

A trećim krikom kad se pijetli jave,
o Isuse, zateturat ćeš od bola.
Tvoj šešir će pasti s glave.
Šešir i aureola.

And when the roosters crow the third time,
oh Jesus, you will stagger with pain.
Your hat will fall from your head.
Your hat and your aureole.

English translation by Omer Hadžiselimović and Keith Doubt

Božanski cirkus

Kako me danas bole harlekini
i tužni augusti glupi.
Isuse, na srce mi ranjeno
melem pamuka privini.

Danas bih volio da budem jako ružan.
Da se trese za mnom svjetine rug.
Da budem grbav i u hodu hrom.
I nos da imam vrlo, vrlo dug.

Bol glupih augusta i harlekina
moj Isuse, toliko me tišti.
Pođimo, pođimo k njima sa majmunom,
koji se mirno pred cijelim svijetom bišti.

Pođimo i sa médôm, koji u hlačama
vješto poigrava na štapu,
a poslije za bijednom milostinjom
ponizno pruža svoju staru kapu.

Pođimo i sa bubnjem, čija je siva koža
tako sveta i tako skupa.
Jer bubanj je mrtvo magare, po kome malj
još uvijek nemilice lupa.

Divine Circus

Today I ache for harlequins
and sad and dumb clowns.
on my wounded heart, Jesus,
apply please some cotton balms.

Today I would like to be very ugly,
to hear throbbing taunts of the mob,
to be hunch-backed and limpy,
to have a long nose, very long.

The ache of clowns and harlequins,
my Jesus, afflicts me so.
With the monkey, who calmly preens
in sight of everybody, to them let us go.

Let us go also with the bear in pants
dancing with the stick cleverly,
and later, his old cap offering
humbly asking for donations paltry.

Let us also follow the drum, whose grey skin
is so holy and so dear.
Since the drum is a dead donkey,
its implacable beat we still hear.

Pođimo tako među auguste i harlekine.
Samo što prije, moj Isuse sveti.
Mi ćemo za njima od teškog bola,
a oni za nama od smijeha umrijeti.

Thus let us go to clowns and harlequins.
My Jesus holy, on this very day.
We shall for them of severe pain die,
And they for us of laughter pass away.

English translation by Zvonimir Radeljković

Isus i ja pred gradskim pijetlom

Već nije tako važan njegov zov.
Ni lupanje krila nije.
Visoki dimnjak, probijen kroz krov,
krikom nas probudi prije.

Gle, kako su mu sada krila potkresana.
I tupe, sasvim tupe mamuze mu.
Svanuća ovih trubom probuđenih dana
sva su nepoznata njemu.

Kako mu je prije glas imo gordost kneza.
Od njega stresala se zora rosom na usjev.
Vojske je u ponoć obuzimala jeza,
pred bitku, koju je navješto njegov gnjev.

A sada je, od ove gradske čađi
sve crnji i crnji, iz dana u dan.
Još malo, pa se više ne će znati,
je li to pijetao ili je gavran.

Zato daj da jednom i njemu naraste
svako krilo, za put visok i dug.
Da se i on umiješa među brze laste
i s njima odleti na neki jug.

Jesus and I before the town's rooster

His call is now not so crucial
Nor the thumping of his wings
The high chimney, broken through the roof,
He used to wake us with his screech.

Look, how his wings are now cut
And blunt, all blunt his spurs
The dawn of days awakened by his trumpet
Are all unknown to him.

How his voice once had a prince's pride
From it the dawn shook the dew on the corn
Armies were shaken with fear at midnight
Before the battle his anger proclaimed.

And now from the city's soot
Blacker and blacker from day to day
A little more, and no one will know
If he is a rooster or a raven.

So please, just let his wings
Grow tall and long for the road
So that he may mingle with the swift swallows
And fly with them to some southern clime.

English translation by Janet Tuškan

Isus i ja pred gradskim pijetlom

Već nije tako važan njegov zov.
Ni lupanje krila nije.
Visoki dimnjak, probijen kroz krov,
krikom nas probudi prije.

Gle, kako su mu sada krila potkresana.
I tupe, sasvim tupe mamuze mu.
Svanuća ovih trubom probuđenih dana
sva su nepoznata njemu.

Kako mu je prije glas imo gordost kneza.
Od njega stresala se zora rosom na usjev.
Vojske je u ponoć obuzimala jeza,
pred bitku, koju je navješto njegov gnjev.

A sada je, od ove gradske čađi
sve crnji i crnji, iz dana u dan.
Još malo, pa se više ne će znati,
je li to pijetao ili je gavran.

Zato daj da jednom i njemu naraste
svako krilo, za put visok i dug.
Da se i on umiješa među brze laste
i s njima odleti na neki jug.

Jesus and me before the town rooster

His call is no longer very important.
The beating of his wings not any more.
A high chimney through the roof pierced
by its scream wakes us long before.

Lo how his wings are cropped away,
and his spurs blunt, quite blunt now.
Dawns of the siren-woken day
to him are all unknown anyhow.

His voice used to have the pride of a prince,
Daybreak used to shiver on crops the dew.
It gave armies at midnight the creeps
Before the battle, signaling his wrath true.

And now, with this urban soot
he tends to grow blacker every day.
In a little while noone will know
Whether he's a rooster or a crow.

Therefore let him for once grow
wings for a journey distant and high,
let him flock with swallows swift
and to a kind of south with them fly.

English translation by Zvonimir Radeljković

San magaradi

Isuse, u ovom kasnom času sad
u sve staje ćemo ući.
Od nježnosti ti ćeš svu magarad
blago za uho povući.

I kada odeš, u doba to gluho,
među njima će riječi da kruže:
Ko je taj koga si za uho
držao najduže.

I svaki će usnuti opet,
sa najljepšim snom u duši:
da tvoja meka ruka još miluje
baš njegove uši.

The donkey's dream

Jesus, at this late hour
We will go to all the barns
And gently, you will pull the ears
Of all the donkeys.

And when you leave, in the dead of night
They will talk amongst themselves:
Whose ears did you hold
For the longest time?

And each will fall back to sleep
With the best dream in his soul
As though your soft hand were still
Stroking his ears in particular.

English translation by Janet Tuškan

San magaradi

Isuse, u ovom kasnom času sad
u sve staje ćemo ući.
Od nježnosti ti ćeš svu magarad
blago za uho povući.

I kada odeš, u doba to gluho,
među njima će riječi da kruže:
Ko je taj koga si za uho
držao najduže.

I svaki će usnuti opet,
sa najljepšim snom u duši:
da tvoja meka ruka još miluje
baš njegove uši.

The donkeys' dream

Now in this late hour, Jesus, we
shall enter every barn and there
you will pull gently, tenderly,
each donkey by his ear.

And when you leave at dead of night
they will discuss thoroughly
who is the one whose ear bright
you held the longest tenderly.

And each of them will sleep again
A most beautiful dream in its soul:
that your soft hand still caresses
its very ear once more.

English translation by Zvonimir Radeljković

Isus u posjeti kod nas

I

O Isuse, kad dođeš, u koliko bilo sati,
u naš propali i opustjeli dom,
dobrodošlicu tebi ću zapjevati,
skupa sa svojom vedrom sestricom.

Pjevajući, od tvoje blizine sva bijela,
iznijet će ona preda te sô i kruh.
Po starom običaju naših sela,
kada im u kuću stigne mio duh.

Tada će te moja sestrica odvesti
do skromnog jela, koje krasi stol.
– O Isuse dragi, izvoli samo sjesti
i odložiti svoj šešir i oreol. –

Tako će ti ona reći i nato će
stati preda te, u svetom bolu.
I puna čiste, nebeske samoće
o klin će objesiti tvoju aureolu.

Neka nam svu noć sija, mjesto uljenice,
koju palimo pred svaki mrak.
Od sjaja ćemo kriti svoje lice.
Tako će njen blijesak biti jak.

Jesus visiting us

I

Oh Jesus, no matter when you come,
in our home, ruined and desolate,
I will sing you a hearty welcome
together with my little sister bright.

Singing, all white from nearness yours,
she will offer to you bread and salt:
an ancient village custom of ours
when we have a visiting dear soul.

Then you will be taken by my little sister
to the simple fare adorning the table.
-Oh, dear Jesus, please sit there
And take off your hat and your halo.-

She will say this and she will then
stand in holy pain before you.
And full of pure loneliness of heaven
on a peg hang your halo true.

Let it shine all the darkness through
instead of the oil lamp we light each night.
We'll have to cover our faces blue
so strong will be its shiny light.

II

Poslije ćemo te povesti u dvorište, noseći
ispred nas tvoje aureole žar.
I pri toj, od nebeskog sjaja svijeći,
pokazat ćemo ti pusti naš hambar.

I staje prazne, u kojima se suše
otkosi davni, ko cvijeće na groblju.
U ponoći tu dođu mrtvih konja duše.
Čuješ ih, kako nevidljivu zob zoblju.

Pokazat ćemo ti i stado magle bijele,
koje se provlači kroz živicu svježu.
O Isuse, to naše ovce izgorjele,
mrtve dolaze i u tor liježu.

Onda ćemo konja jedinog upregnuti,
da te provozamo kroz naš mali grad.
Nad njim se nebo nisko uvijek muti.
Pod njim prigušeno tutnji vodopad.

O ako me upitaš, dok naše staro kljuse
bude plašila kraj puta šaš,
- Koja je ovo zemlja? Kazat ću: O Isuse,
pa to je Bosna, ti to znaš.

II

Later we'll take you to the yard, toting
before us your halo's shine true.
And with this celestial light glowing,
our empty barn we'll show you.

And empty stables with the drying hay
like on a tomb pretty flowers.
Here at midnight horses' souls arrive.
You can hear them nibble invisible oats.

We'll show you a flock of misty white
crawling through the newly grown hedge.
Oh Jesus, our burnt sheep in the night,
Come here and lie in the pen though dead.

And we shall harness the only horse
to take a ride through our town small.
The sky is always low and overcast,
and under it booms a muffled waterfall.

And should you ask me, as our nag old
drives on, afraid of swaying reeds, though,
-Which land is it? I will say quite bold:
Oh, Jesus, it is just Bosnia, you know.

III

A poslije, kad i pijetlima bude sneno,
osjetit ćemo kako tvoja glava
spušta se čas na moje rame, čas na njeno,
i silno nas obasjava.

I u to doba zemaljskih kasnih sati
pjevat će ti moja sestrica blagim glasom.
O Isuse, ti ćeš tada zadrijemati,
izmoren konja tromim kasom.

I koji put, kad magla bude snježno
sipila na tvoje sveto ruho,
stavit će ti na glavu, sasvim nježno,
oreol, koji ti je pao na jedno uho.

III

And later, when even roosters sleep,
we'll feel your head slowly slip
onto shoulder mine, or hers in turn,
its strong shine will constantly keep.

And at that earthly hour late
the sister will for you softly sing.
Oh, Jesus, you will doze off then
tired of the sluggish trot's ring.

Occasionally, as fog turns to snow
gathering on your holy dress,
She will cover your head with the halo
slipped on your ear, with utmost tenderness.

English translation by Zvonimir Radeljković

Isus čita novine

Znam, dobri moj Isuse, kad jedne kiše duge,
donesem ti za večeru hljeb skriven pod skut,
ulazeći u sobu, vidjet ću pun tuge
tvoj sveti lik nad novine nagnut.

I nezapažen kraj tebe ću sjesti,
gledajući mračenje na tvome licu čistom.
Dok pogledom prelijećeš od vijesti do vijesti.
Dok uzbuđeno prevrćeš list za listom.

Čime ću moći da te tješim u tom času,
stojeći pred tobom, sav stidom obuzet.
I da li bih imao dosta snage u svom glasu,
kada bih pred tobom branio ovaj svijet.

Na teška ta slova pao bih svojim stasom malim.
Radost čovjeka bi u oku mome zasijala.
O pusti, rekao bih ti jedva glasom uzdrhtalim,
nek se i dalje vrti naša zemlja mala.

Onda bih sasvim tiho izišo pred vrata.
I pustio da ostaneš sam u svome bolu.
Moleći pred pragom, da tvoj gnjev umiri
mirisni, blagi kruh na stolu.

Jesus reading the papers

I know, my kind Jesus, when in a long rain
I bring you bread for supper under my coat,
entering the room I will see you full of pain,
your holy form over the paper bent.

Unnoticed by you I shall sit,
watch darkening of your pure face,
while you scan one and another news bit,
while agitated you turn page after page.

How could I console you then,
full of shame before you standing?
And would my voice be forceful again
in your presence this world defending?

On heavy lines my tiny frame would fall.
Human joy in my eye burning.
Oh, I would in an almost steady voice tell,
let our little globe keep on turning.

I would exit very quietly then
leaving you alone in your distress
praying at the threshold your anger to be calmed
by, on the table, fragrant bread's mildness.

English translation by Zvonimir Radeljković

Isus u svetohraništu

I

Sam

Sad opet idem sam, ja mali prolaznik,
pod nakrivljenim šeširom ovim svijetom.
A ti si otišao, i tvoj dragi lik
sija se nevidljiv u hraništu svetom.

Zar si ti sad tamo, u onom hljebu bijelom.
U svetohraništu, pred kojim tinja luč.
Zar tamo, sa svojim srcem, dušom, svojim tijelom.
Zar je tu melem za moju dnevnu žuč.

Nedovršena posla, kad prođem kraj tvog stana,
u škrinji gdje se kriješ zlatom okovan.
Duša mi puna brige, srce mi puno rana,
probdjelo bi uza te vječnost, ko jedan dan.

Otkrivam ti sve, što u duši skrivam.
Zovem te da sa mnom teški dan podijeliš.
Dugo ti šapćem, žarko te prizivam.
A ti nevidljiv samo šutiš i samo se bijeliš.

I evo, sve češće ja zaboravljam
u prolazu da ti skinem kapu.
U kasnoj noći, kada se žurim sam,
sa svežnjem večere o štapu.

Jesus in the Tabernacle

I

Alone

And now I'm walking, a small sojourner, I,
alone again under this world's cocked hat.
You have left, and your figure dear and high
Invisibly shines in the tabernacle sacred.

Are you really there now, in that bread white,
in the tabernacle, before a smoldering light,
are you there with your body and soul, your heart,
is there the balm for my daily plight?

As I pass your dwelling, with unfinished business,
where you hide in the chest, shackled in gold,
my soul full of worry, my heart full of wounds,
would stay sleepless with you eternally, yet not old.

To you I reveal all that's hidden in my soul.
I call upon you to share my hard day.
I whisper long to you, ardently invoke you,
And you, invisible, are silent, shining away.

And lo, now quite often I forget
In passing to take my hat for you off,
as I hurry alone, late at night,
with a pack of supper on my staff.

II

San

Vratit ću se jednom svojoj maloj kući,
kad budu prošli mnogi dani.
Za stolom kasnim o tebi snivajući,
zaspat ću uz crni hljeb i svoj vrč zemljani.

Blizina hljeba u snu dočarat će meni
seoski put, koji vijuga kroz glog,
i oko njega pšenice šum sneni,
ugušen sitošću mirisa brašnenog.

U snu sav sretan i radostan u svemu,
zaželjeti ne ću ništa više:
samo da zagrlim hljeb crni i čujem u njemu
tvoje srce i tvoju dušu kako diše.

II

A Dream

Some day I will return to my little house,
After many long days have fled.
At a late table I will nod, dreaming of you,
with my earthen jug and brown bread.

The nearness of bread will evoke in me,
winding through hawthorns, a country road,
around it the sound of wheat sleepy,
stifled by the doughy smell of old.

In my dream, quite happy and joyous in all,
I will not wish for anything more:
just to embrace brown bread and hear in it
breathing of your heart and of your soul.

English translation by Zvonimir Radeljković

Molitva da ne budem više pjesnik

O Bože, daj da budem ko i svi drugi ljudi.
Da idem tiho, sličan svagdanjem prolazniku.
Za najobičnijim da srce moje uvijek žudi.
Riječ mi oduzmi, koja zvoni isprazno u sliku.

Oduzmi mi i moć, kojom drugome dočaram
sve, što on jadnik nije mogao izreći.
Ugasi moje bdenje noćno, u kome skrušen stvaram
radost i bol, od koje sam već klonuo pri svijeći.

Kakav to šum sad čujem oko svoga čela?
Zar vijenac lovorov već pletu tajni prsti.
O pusti, neka iz mog siromašnog sela
gladno stado koza slatko ga pobrsti.

A prayer that I would no longer be a poet

O Lord, please let me be like all other people,
So I could walk quietly like everyday passers-by
That my heart would long for the most ordinary things
Take away the word that rings to me in vain like an image

Take away my power, by which I conjure up for others
Everything the poor man could not say himself
Extinguish my vigil in the night when I humbly create
Joy and pain from which I droop by candlelight

What is that noise I hear around my head?
Is the laurel wreath being woven by secret hands?
O may the herd of goats from my poor village
Eat it with relish, hungry for food.

English translation by Janet Tuškan

Od ranih do kasnih pijetlova (1939.)

From Early to Late Roosters (1939)

Pjesma najmanjem čovjeku

Negdje si, negdje, malen i pognut,
Ti najmanji na svijetu cijelom.
Pusti sad pozdrav i prekini svoj put,
stope tvoje da taknem svojim čelom.

Ah, ja znam da i vrane mogu
iz usta ti iščupati jedini zalogaj.
A dječurlija te vuče za nogu,
kad prođeš kroz seoski neki kraj.

Umoran zaspiš li koji put u hladu,
od koprive vijenac ti oviju oko glave,
od kudjelje namjeste ti bradu.
I po jedan čičak na rame ti stave.

Pritaje se i slamkom te milo
golicaju po nozi, jer ti si uvijek bos.
Ili tvom dahu prinesu leptirovo krilo.
Dišući ti ga uvučeš u nos.

U šaku ti zadjenu kukuruzni klip,
i zaigraju uz viku sve jaču,
pa onda veselo, džip, džip,
kao preko panja preko tebe skaču.

A song to the smallest man

You are somewhere, somewhere, small and bent,
You the smallest in the whole world
Forget the greeting and break off your journey

So I may touch your feet with my forehead.
Oh, I know that even ravens
Can pull the food from your mouth
And children tug your legs
When you pass through a village

Tired, do you sometimes sleep in the shade
Do they bend a wreath of nettles around your head?
And give you a beard of hemp
And place a burr on each shoulder?

Do you hide your naked feet
With your precious straw, since they are always bare
Or carry a butterfly's wing on your breath
Breathing, you draw it into your nose.

They stick a corncob in your hand
And play and shout stronger, harder
And then merrily, hop, hop
They jump over you like a stump

Ustaješ mirno i uzimaš torbak,
i šešir, koji ti je dao neko.
Gone te, gone u korak,
dok te nestane za žitom, daleko.

You stay still and take your bag
The hat, which someone gave you
And they chase you, step by step
Until you're gone, beyond the wheat field, far away.

English translation by Janet Tuškan

Pjesma slijepom raznosaču novina

Od susreta s tobom duša me zazebe.
Ti si sam i štap tvoj vjeran drug.
Idući ti njime šaraš oko sebe
tajni obruč, nevidljivi krug.

Pomisliš na vid i više ti se bolnom ne živi.
Velik je to san koji te rastuži.
Tako silno da ti se šešir na glavi nakrivi,
i od bola postane mnogo duži.

Tuga me obuzme da to izreći ne mogu,
kad pomislim kako dugo tražiš ključe.
Ili obučeš desnu cipelu na lijevu nogu,
kao što si lijevu na desnu obukao juče.

Od sljepoće postao si tako lijep,
ali to ne vide ti prolaznici bučni.
O grudima ti ploča, na kojoj piše: slijep.
Novine, novine, čuje se glas tvoj mučni.

Iz svežnja tvoga vire slova sitna,
natpisi pred kojima se zaustavlja pješak,
stupci, u kojima se rješavaju pitanja hitna,
i kako bi Evropa svukla svoj stari frak.

A song to a blind newspaper carrier

My soul is chilled from meeting with you
Alone, with your stick as your faithful companion
Walking along, you wave it around
In a mysterious hoop, an invisible circle

At the thought of sight, your will for life is gone.
It is a dream that just saddens your heart
So heavy that the hat on your head sits awry
And grows much longer from pain.

Sorrow overcomes me so I cannot speak
When I think how long you search for your keys
Or put your right shoe on your left foot
Like yesterday, your left one on the right

You have become so beautiful from blindness
But the noisy passers-by fail to notice
Around your chest a sign says "Blind"
Newspapers, Newspapers! Your painful voice cries out

From your bunch the minuscule words speak out
Headlines, which stop the walker in his tracks
Columns solving urgent problems
How Europe would take off its old mantle

O, kako na kupca naiđeš vrlo rijetko,
jer ko za jednoliki tvoj povik mari.
Onda ti dođe da u vrevu vikneš jetko:
novine, novine, pijesak u Sahari.

Your customers are few
No one hears your dull cry
Then you feel like shouting out to the crowd,
News, news, sand found in the Sahara!

English translation by Janet Tuškan

Kišobran

Ja znam čovjeka osamljenog k'o i ja,
koji korača samotno kroz ovaj dan,
koji i poslije kiše kad sunce opet sija
i dalje nosi razapet svoj kišobran.

Ja bih mu tada priš'o i rek'o: O, čovječe,
što ti je, kuda ćeš i gdje je tvoj stan?
Gle, kako je svud vedro, sunce sija i peče!
Sklopi, sklopi svoj veliki, crni kišobran.

Al' zašutim i pođem za njim po svijetlom danu.
Zastaju prolaznici i tajno mu se smiju.
A ja začuh kako po njegovom teškom kišobranu
nešto šušti, davne, mrzle kiše liju.

Ja idem za njim, tamnu mu pratim sjenu.
Korak mu slušam i stari njegov štap.
I osjetih, i meni nešto pada po ramenu.
Bolova davnih olovna kap, po kap.

Već kiši i uveli vijenci po mom šeširu šušte.
Već lije, lije i ja ubrzavam hod.
Mlazevima sve težim bolovi davni pljušte.
Pod njima već se slomio šešira mog obod.

The umbrella

I know a man as lonely as I
Who steps out in solitude through the day
Who even after the rain, when the sun comes out
Still carries his umbrella spread wide.

I would like go up to him and ask "Hey you,
What is it with you, where are you going and where is your home?
Look how it's clear all around; the sun is bright and hot
Put away your big, black umbrella".

But I keep quiet and follow him through the bright day
People stop and laugh at him in secret
And I can hear how on his heavy umbrella
Something rustles, the long gone frozen rains pour down.

I follow his path, after his dark shadow
I listen to his steps and his old cane
And I feel something falling on my shoulder too
Pain from long ago, leaden, drip by drip.

It is raining again and the withered wreaths around my hat rustle
It is pouring, pouring, I walk faster
With jets ever heavier the ancient pain pours down
Under the weight the rim of my hat breaks and falls.

Sa mene se cijedi, a onaj čovjek neznani
mirno pod kišobranom korača u svoj stan.
Pljušti s mene, o, gdje su mi vedri dani?
Pljušti, pljušti, gdje je moj kišobran?

They flow from me, and that man, unknown,
Quietly, under the umbrella, walks to his home.
They pour down from me, oh where, where are my bright days?
Pour down, pour down, where is my umbrella?

English translation by Janet Tuškan

Kišobran

Ja znam čovjeka osamljenog k'o i ja,
koji korača samotno kroz ovaj dan,
koji i poslije kiše kad sunce opet sija
i dalje nosi razapet svoj kišobran.

Ja bih mu tada priš'o i rek'o: O, čovječe,
što ti je, kuda ćeš i gdje je tvoj stan?
Gle, kako je svud vedro, sunce sija i peče!
Sklopi, sklopi svoj veliki, crni kišobran.

Al' zašutim i pođem za njim po svijetlom danu.
Zastaju prolaznici i tajno mu se smiju.
A ja začuh kako po njegovom teškom kišobranu
nešto šušti, davne, mrzle kiše liju.

Ja idem za njim, tamnu mu pratim sjenu.
Korak mu slušam i stari njegov štap.
I osjetih, i meni nešto pada po ramenu.
Bolova davnih olovna kap, po kap.

Već kiši i uveli vijenci po mom šeširu šušte.
Već lije, lije i ja ubrzavam hod.
Mlazevima sve težim bolovi davni pljušte.
Pod njima već se slomio šešira mog obod.

Umbrella

I know a man as lonesome as me
who walks alone through this day,
who, even after the rain, on a day as sunny as can be,
carries his umbrella open widely, along his way.

I would approach him: "Listen sir", I want to say,
"What's the matter, where are you heading, where do you reside?
Look, the sky is clear, the sunshine is going to stay
Close, won't you close your umbrella, open so wide!"

But I keep quite and follow him on this sunny day,
while passers-by stop and quietly laugh at him,
And I hear how his heavy umbrella might sway,
Under the torrential rain attacking his umbrella trim.

I go after him, following his shadow along the way,
listening to his steps, to his cane's tap-tap,
and I feel that on my shoulders comes to lay
my old, leaden sorrow, drop by drop.

Already it's raining, and faded wreaths of rain wither around
my hat. Already it's pouring, pouring, and my steps quicken somewhat
while heavier sheets of rain resound.
Already it's becoming deformed – the bent brim of my hat.

Sa mene se cijedi, a onaj čovjek neznani
mirno pod kišobranom korača u svoj stan.
Pljušti s mene, o, gdje su mi vedri dani?
Pljušti, pljušti, gdje je moj kišobran?

It's dripping from me while the unknown man walks on his way
peacefully beneath the umbrella, towards his lair.
It's pouring on me, oh, where is my happy day?
It's pouring, pouring, oh, where's my umbrella, where?

English translation by Katia Grubišić

Kasni posjet

Zbog zviezda budem li budan jedne noći
u dubokim časovima snenim,
u pusti moj stan, ko davno, opet će doći
pod oreolom težkim, zamračenim.

Nosiš li mi o zviezdama tajna slova?
Ili tražiš o zemlji vedar glas?
Moj Isuse, još uviek pust i prazan krik pietlova.
A već kao da sieda postaje tvoja vlas.

Uvojak za uvojkom srebrinom ti prosijava.
Sve dublje bore na čelu, sve gušći im splet.
Sve pognutija je božanska tvoja glava.
Avaj, sa štapom staračkim morat ćeš u sviet.

Znaj, poći ću s tobom i mjesto anđela
nosit ću tvoj svežanj kroz sutona slap.
Od grada do grada, od sela do sela.
I kad god zatreba, pridržat ću ti štap.

Pričat će svud o nama šapat ukućana.
I dugo će gledati u sutonov dim,
gdje kasnim putem prođoše dva putnika strana:
Nebeski neki starac i jedan čovjek s njim.

A late visitor

If the stars keep me awake one night
And I fall asleep in the deep hours
In my bleak home, as long ago, he will come again
Under his heavy halo, darkened.

Are you bringing me secret news of the stars?
Or are you looking for some good news from the earth?
My Jesus, the still bleak and empty screech of roosters!
It seems your hair is already turning grey.

Lock by lock the grey shines out
The lines on your forehead deepen, woven thicker together
The divinity of your head bent lower and lower
My, my, you will have to take a stick to walk to the world

I will come with you in place of angels, you know,
I will carry your bundle through the cascade of twilight
From town to town, village to village
And when you need, I will carry your stick

They will talk about us everywhere, the whispering locals
And look long into the smoke of twilight
When late on their way two travellers passed by
Some heavenly old man and one man with him

English translation by Janet Tuškan

Bilješke o piscu

Hrvatski književnik i prevoditelj Nikola Šop rođen je 19. kolovoza 1904. u Jajcu (Bosna i Hercegovina), a umro 2. siječnja 1982. u Zagrebu (Hrvatska). U Beogradu (Srbija) diplomirao je 1931. komparativnu književnost i latinski jezik. Početkom Drugog svjetskog rata, teško ozlijeđen, seli u Zagreb u kojem, prikovan za krevet, ostaje do kraja života.

"Uspinjući se pjesničkim stubama, Nikola Šop išao je od krajnje materijalnog, preko elementarno ispovjedne pjesme, poezije kršćanske i mistične simbolike, intimističkih meditacija do, opet, ekstremno dematerijalizirane poezije kozmičkih prostora. Prolazeći te pjesničke etape, on je i praktično potvrdio da fizička pjesnikova pozicija spram svijeta bitno determinira i njegovu poetiku. Tako je pjesnik izrazito materijalnog, duhovni srodnik francuskog simbolističkog lirika Francisa Jammesa (1868-1938) i Paula Claudela (1868-1955), pisca katoličke inspiracije, nakon osobne tragedije koja ga trajno veže za krevet, postao pjesnik 'svemirskih kućica'."

Željko Ivanković: Bosanski Isus Nikole Šopa

Za života objavljena su mu sljedeća djela.

Zbirke pjesama

Pjesme siromašnog sina, 1926.
Nocturno, 1928.
Isus i moja sjena, 1934.
Od ranih do kasnih pijetlova, 1939.
Za kasnim stolom, 1943.

Kućice u svemiru i *Svemirski pohodi*, 1957.
Astralije, 1961.
Pohodi, 1972.
Dok svemiri venu, 1975.
In cima alla sfera (*Na vrhu kugle*), 1976.
Izabrane pjesme, 1978.
Nedohod, 1979.
Božanski cirkus, 1980.
Propast rubova, 1981.

Monografija

Knjiga o Horaciju, 1935.

Kratke priče i pjesme u prozi

Tajanstvena prela, 1943.

Drame

Pompejanska balada, 1961.
Drijada, 1964.
Pjesnikovi rasprodani prostori, 1974.
Bosanska trilogija, 1980.
  Na bosanski Ivandan, 1968.
  Kroz vrevu stećaka, 1969.
  I Bosna šaptom pade, 1970.
Vječni preludij, 1971.
Izgubljeni Ariel, 1972.
Tragedija praznine, 1975.

Notes about the Author

Croatian writer and translator Nikola Šop was born on 19 August 1904 in Jajce (Bosnia and Herzegovina) and died on 2 January 1982 in Zagreb (Croatia). In 1931, he received his diploma in comparative literature and Latin from the Faculty of Philology at the University of Belgrade in Serbia. At the beginning of the World War II, after suffering severe injuries, he moved to Zagreb where he spent the rest of his life bedridden.

"Ascending the stairs of poetry, Nikola Šop went from the utterly material verses, via an elementary confessional poetry, the poetry of Christian and mystic symbolism, intimate meditations, to an extremely dematerialized poetry of cosmic regions. Going through these poetic stages, he proved, practically as well, that a poet's physical position in relation to the world also essentially determines his poetics. Thus the poet of the prominently material, the spiritual kin of the French symbolic lyricist Francis Jammes (1868 – 1938), as well as Paul Claudel, the writer of Catholic inspiration, after a personal tragedy which bound him permanently to bed, became the poet of 'cottages in cosmos'."

Željko Ivanković: Nikola Šop's Bosnian Jesus

The following works were published during his lifetime.

Poetry Collections

Poems of a Poor Son, 1926
Nocturne, 1928
Jesus and My Shadow, 1934
From Early to Late Roosters, 1939
At the Late-time Table, 1943

Cottages in Space and *Space Visits*, 1957
Astrals, 1961
Visits, 1972
While Universes Wither, 1975
In cima alla sfera (*At the Top of the Sphere*), 1976
Selected Poems, 1978
Nedohod, 1979
Divine Circus, 1980
Decline of Edges, 1981

Monograph

Book about Horatio, 1935

Short Stories and Poems in Prose

The Mysterious Spinner, 1943

Plays

Pompeian Ballad, 1961
The Dryads, 1964
Poets Sold-out Spaces, 1974
Bosnian Trilogy, 1980
  At Bosnian St. John's Day, 1968
  Through the Witter of Bogomil Tombstones, 1969
  And Bosnia Felt with a Whisper, 1970
Eternal Prelude, 1971
Lost Ariel, 1972
Tragedy of Emptiness, 1975

Prevoditelji / Translators

Najdublje zahvaljujem svim Šopovim prevoditeljima. Ovdje su navedena njihova imena i stranice na kojima su otisnuti njihovi prijevodi.

I would like to express my deepest gratitude to all Šop's translators. Their names and the pages on which their translations appear are listed below.

Auden, W. H.
Vol. I, pag. 7

Bićanić, Sonia
Vol. I, pag.: 51, 53

Brusar, B. S.
Vol. I, pag. 7

Doubt, Keith
Vol. I, pag.: 79, 81

Elton, Oliver
Vol. I, pag. 37

Grubišić, Katia
Vol. I, pag.: 123, 125

Hadžiselimović, Omer
Vol. I, pag.: 79, 81

Jelaš, Marina
Vol. I, pag. 17

Radeljković, Zvonimir
Vol. I, pag.: 75, 77, 83, 85, 89, 93, 95, 97, 99, 101, 103, 105

Šoljan, Ivo
Vol. I, pag.: 55, 67, 69

Tuškan, Janet
Vol. I, pag.: 19, 21, 23, 25, 27, 29, 31, 33, 35, 41, 45, 47, 49, 57, 59, 61, 63, 65, 71, 73, 87, 91, 107, 111, 113, 115, 117, 119, 121, 127

Izdavač / Publisher / Herausgeber

Adrian S. Kostré je rođen u Essenu 1958., a odrastao u Hrvatskoj, gdje je studirao filmsku režiju i radio kao prevoditelj za Američki Generalni Konzulat u Zagrebu. 1981. se vratio u Njemačku i od tada živi u Berlinu. Djeluje kao novinar, režiser, autor, glumac, lektor, tumač i prevoditelj. Od 1992. stalno je zaposlen kao urednik njemačke radiotelevizije ARD pri postaji Sender Freies Berlin (SFB), od 2003. Rundfunk Berlin-Brandenburg (rbb).

Adrian S. Kostré was born in Essen in 1958 and grew up in Croatia where he studied film direction and worked as a translator for the American Consulate General in Zagreb. In 1981, he returned to Germany and has lived in Berlin ever since. He works as a journalist, director, author, actor, lecturer, interpreter and translator. Since 1992, he's been an editor at the German public-service broadcaster ARD, working for Sender Freies Berlin (SFB), since 2003 Rundfunk Berlin-Brandenburg (rbb).

Adrian S. Kostré wurde 1958 in Essen geboren und wuchs in Kroatien auf. Dort studierte er Filmregie und arbeitete als Vertragsübersetzer für das Amerikanische Generalkonsulat in Zagreb. 1981 kehrte er zurück nach Deutschland und lebt seit dem in Berlin, wo er als Journalist, Regisseur, Autor, Sprecher, Lektor, Dolmetscher und Übersetzer arbeitet. Seit 1992 ist Kostré fest angestellter Redakteur des Sender Freies Berlin (SFB), jetzt Rundfunk Berlin-Brandenburg (rbb).

Sadržaj / Summary

MIX

Papier | Fördert
gute Waldnutzung

FSC® C083411

Zeitfracht Medien GmbH
Ferdinand-Jühlke-Straße 7
99095 Erfurt, Deutschland
produktsicherheit@kolibri360.de